ANCIENNE ACADÉMIE PROTESTANTE

DE SEDAN

DOCUMENTS

POUR SERVIR A SON HISTOIRE

EXTRAITS DE LA CHRONIQUE

DU PÈRE NORBERT

PARIS

LIBRAIRIE ARCHÉOLOGIQUE & HISTORIQUE DE J.-B. DUMOULIN

13, *Quai des Augustins*

MÉZIÈRES

IMPRIMERIE ET LIBRAIRIE DE F. DEVIN

1867

Tiré à 100 exemplaires.

DE SEDAN

DOCUMENTS

POUR SERVIR A SON HISTOIRE

EXTRAITS DE LA CHRONIQUE

DU PÈRE NORBERT

PARIS

LIBRAIRIE ARCHÉOLOGIQUE & HISTORIQUE DE J.-B. DUMOULIN

13, *Quai des Augustins*

MÉZIÈRES

IMPRIMERIE ET LIBRAIRIE DE F. DEVIN

1867

EXTRAITS

DE LA

CHRONIQUE DU PÈRE NORBERT

CONCERNANT

LE COLLÉGE DE SEDAN

~~~~~~~~~~~~~

1576. — Erection du collège. — Biens affectés. — Le huit novembre, la princesse régente (Françoise de Bourbon, veuve de Henri Robert de La Marck), érige un collége à l'hôpital du Ménil, ou *Maison des douze Apôtres*, pour l'instruction dans les belles-lettres, de la jeunesse des deux religions autorisées en la ville et souveraineté de Sedan, la prétendue réformée et la romaine, sous la conduite de plusieurs régents et professeurs protestants. Cette princesse affecte à ce collége tous les biens et revenus attachés à cet ancien hôpital, aux conditions que ledit collége paierait, annuellement, une rente de cinq cents livres au bureau des pauvres des deux religions, par portions égales, la quelle somme serait employée tant à l'entretien
~~~~~~~~~~~~~

du temple que pour la subvention des pauvres. La cense du Chêne-des-Malades est aussi réunie aux biens du collége des Apôtres, ainsi que la moitié des biens et revenus de l'hôpital de Douzy. Comme la cense du Chêne-les-Malades était destinée dans la souveraineté de Raucourt à l'entretien, assistance et logement des lépreux de cette souveraineté, le collége des Apôtres est chargé de pourvoir à leur subsistance. Quant à l'autre moitié des biens de l'hôpital de Douzy, on en prit encore une rente annuelle de 50 francs pour le bureau des pauvres réformés de Francheval (les biens de l'hôpital de Francheval étant trop modiques), et le restant des biens dudit hôpital de Douzy a été affecté aux pauvres dudit lieu. Le nouveau collége obtint encore des bontés et protection de Françoise de Bourbon, plusieurs autres biens et revenus. (*Archives de l'hôtel-de-ville de Sedan*).

Conseil des modérateurs. — La police du collége des douze Apôtres et la gestion de ses revenus furent confiés à un conseil dit des modérateurs ; les fonctions de ce conseil s'étendaient aussi sur tout ce qui concernait la littérature, les livres, l'enseignement, la doctrine ; il composait avec les anciens ce qu'on appelait le Consistoire. — Il y a aux archives de l'Hôtel-Dieu de Sedan une minute intitulée : Domaine de Sedan et Raucourt, etc., qui ne met qu'en 1579 le 16 mars, l'exécution de l'édit de l'érection du collége des douze Apôtres.

1580. — **Biens ecclésiastiques remis aux mains des protestants.** — **Collége** — **Régents.** — La princesse de Sedan toujours administratrice des terres souveraines, établit un bureau général d'administration et gestion de tous les biens ecclésiastiques situés dans les terres, de quelque nature que soient ou puissent être ces biens. Ce bureau connu sous le nom de Recette ecclésiastique devient ainsi maître de tous les biens de cures, fabriques, collége, etc., il est chargé dès-lors de payer la desserte de tous les bénéfices, cures, etc., et de satisfaire à toutes les autres charges ecclésiastiques, aux pensions des professeurs, régents, maîtres d'école, aux entretien et réparation des églises, à tout ce qui concerne le service divin, etc. La pension ordinaire des curés et desserte des cures est fixée à 200 livres ; celle des ministres de la prétendue réforme à 400 livres outre le logement ; celle des régents, maîtres d'école, bedaux, etc., à proportion de leurs grades, fonctions et services. On accorde au régisseur ou receveur desdits biens et revenus six deniers par livre de bénéfice. Le sieur de Moussy, premier receveur, a commencé la recette desdits biens ecclésiastiques au 1er octobre (*Mémoire sur les domaines de Sedan et Raucourt*).

La princesse de Sedan constitue le conseil des modérateurs du collége, administrateurs nés des biens ecclésiastiques, avec pouvoir de les vendre, aliéner et d'en disposer à volonté, de vendre même les maisons de cure, s'ils le jugent à propos.

1582. — **Dons faits au collége des Apôtres de Sedan.** — Dame Françoise de Lamothe, veuve du sieur de Dallon, écuyer, laisse par testament 400 écus, portant rente de cent livres tournois pour l'entretien de deux écoliers attachés au consistoire de l'église réformée de Sedan, et capables de parvenir au ministère. — Drelincourt, père du ministre de ce nom, secrétaire du conseil d'Etat du prince de Sedan.

1581. — **Dons au collége.** — Demoiselle Marie L'huillier, laisse par son testament 400 écus, pour l'entretien d'un pauvre écolier jugé capable par le consistoire de l'église réformée de Sedan, d'entrer dans les fonctions du Saint-Ministère.

1585. La demoiselle de Buzanval donne 300 livres tournois au collége de Sedan. — Françoise de Bourbon lègue au collége des Apôtres par elle établi pendant la minorité de ses enfants, une somme de 400 écus. — Dans son testament elle exhorte son fils aîné, Guillaume Robert, duc de Bouillon, prince souverain de Sedan, de procurer audit collége une *école de philosophie et un*..... (Elle fait laisser une ligne en blanc) afin, continue-t-elle, de former à Sedan un collége complet, pour conserver les bonnes lettres, fondement sûr et certain de la vraie religion, l'avancement du bien public, le lustre et la réputation que les établissements donneront à la ville de Sedan ; voilà les motifs par lesquels elle presse ce jeune prince à former ces établissements. (*Etude de Ducloux*).

1588. — Guillaume Robert, par son testament, lègue 600 écus au collége de Sedan.

1591. — **Chaire de philosophie.** — La mort de Guillaume Robert, arrivée trop tôt, avait empêché le prince d'exécuter les dernières volontés de sa mère Françoise de Bourbon, en établissant au collége de Sedan, une chaire de philosophie et de théologie. Charlotte sa sœur avait pourvu au moins à l'établissement d'une chaire de philosophie audit collége avant son mariage. C'est ce que l'on voit dans l'intitulé d'une philosophie péripatéticienne à l'usage du collége de Sedan, imprimée à Cologne, au frontispice de laquelle on lit ces paroles : *Antequam Minerva Marti Caderet.*

1593. — **Pension des régents.** — Le sieur Berchet, principal du collége des Apôtres et les trois régents, avaient pour eux trois une pension de 700 livres. On attendait un quatrième régent pour ledit collége. Il y avait à Sedan trois maîtres d'école aux gages de la recette. Les gages pour les trois étaient de 90 livres.

1596. — **Imprimerie à Sedan.** — Jacob Salesse, imprimeur à Sedan, aux gages de 72 livres. Les capitaines Antoine et Navière font imprimer des ordonnances pour les corps-de-garde.

1598. — **Demande pour l'érection d'une Académie accordée.** — Les bourgeois demandent au prince Henri de La Tour, le 20 août, par une supplique, de former en la ville de Sedan, une Académie pour instruire la jeunesse en toutes bonnes sciences. Le prince répond qu'il a toujours eu cet établissement extrêmement à cœur, et qu'il n'épargnera rien pour l'exécuter le plus tôt possible.

1599. — **Conseil des modérateurs libre de disposer des biens des églises.** — **Aliénations.** — Ordonnance sur requête des modérateurs, rendue le 12 avril, par laquelle le prince Henri de La Tour accorde au conseil des modérateurs de l'Académie ou du collége de Sedan, plein pouvoir de vendre et aliéner tous les biens et héritages ecclésiastiques situés dans la ville et souveraineté de Sedan, Raucourt, ainsi que dans les prévôtés de Mouzon et Donchery, dont les deniers provenant de ces ventes et aliénations seraient mis en rentes constituées pour en être disposé selon que ledit conseil des modérateurs du collége de Sedan le jugerait nécessaire. — Presbytères divers vendus.

1600. — Demoiselle de Vrignel donne 1200 livres au collége pour l'entretien d'un écolier.

1602. — **Erection du collége académique.** — Le collége académique de Sedan se forme. Le prince Henri de La Tour nomme les sieurs Lecomte, Tilenus, Caillet, Desmerlières, Deshayes, Lalouette, président du conseil souverain, Roussel, lieutenant du bailliage, pour conseillers modérateurs en l'administration du collége académique et des biens ecclésiastiques. Il leur enjoint de s'assembler tous les samedis, après la prière, pour assister, traiter et résoudre tout ce qui regarde les affaires ecclésiastiques, et faire tout ce qui dépendra d'eux pour maintenir partout l'union, la concorde, la tranquillité publique, l'accroissement et augmentation de ladite recette ecclésiastique : On commence à tenir registre de tout ce qui concerne les objets d'administration. Le conseil des modérateurs achète deux maisons attenantes au collége pour s'agrandir, et hausse la grande porte d'entrée. On fait toutes les réparations et constructions nécessaires au bien de l'Académie. Toutes les délibérations des modérateurs, soit pour les baux, ventes des biens, des grains, marchés, réparations des bâtiments, ne pouvaient se faire que dans leur assemblée. C'était audit conseil à payer les pensions des ministres, curés, régents, professeurs, maîtres d'école, etc., à réparer les temples, les églises, à pourvoir au nécessaire du culte des deux religions.

1603. — **Réglement des classes.** — Le conseil des modérateurs voulant mettre la dernière main à la perfection du collége académique, enjoint au principal, régents et professeurs dudit collége de se trouver le 20 octobre audit conseil pour y aviser aux moyens les plus utiles pour le règlement des classes, avancement et progrès des sciences et de la littérature, en conséquence on y fait le règlement suivant : 1° Le principal étant constitué premier régent du collége, montrera au conseil le plan des études dudit collége, et tout ce qui pourra selon son jugement contribuer à leurs progrès; 2° il ne fera ni ordonnera aucune leçon ou répétition hors du collége, 3° il ne pourra avoir plus de dix pensionnaires; 4° il y aura deux heures 1/2 de classe par jour, sans aucune diminution; 5° afin de pouvoir visiter les autres classes, selon le devoir de sa charge, il commencera sa classe, tant le matin que l'après-midi, une demi-heure plus tôt, avec cette exception que depuis le 15 novembre jusqu'au 1er février, il n'entrera en classes qu'à 8 heures et n'en sortira qu'à 10 heures 1/2; 6° il ne souffrira pas que sa classe s'arrête, ou fasse bruit dans le collége, pendant la tenue des autres classes; 7° aux jours de composition, il fera venir un régent dans sa classe, pendant qu'il visitera les autres classes, afin de maintenir le silence et le bon ordre dans la sienne; 8° il examinera les leçons et corrections de thèmes des autres régents; 9° il y aura unanimité des voix pour la promotion et avancement des classes de ses pensionnaires; 10° il accordera difficilement des congés extraordinaires; 11° il sera sujet et soumis aux avertissements et censures des administrateurs du collége; 12° il ne pourra faire dans le collége aucun nouveau règlement sans l'autorité du conseil des modérateurs auquel il aura recours dans les cas importants.

Le conseil des modérateurs conformément aux volontés et désirs d'Henri de La Tour, décharge Moyse Blondel de la place de régent de la 3e classe, et lui accorde une pension pour s'appliquer et vaquer à l'étude de la théologie. On accorde aussi une pension à Aaron Blondel son frère. Ledit conseil enjoint aux professeurs de l'Académie de visiter tous les mois les classes du collége, tant pour connaître les progrès de chacun des écoliers et candidats, que pour faire observer les règlements, celui surtout de faire tous les samedis sans exception la lecture et exposition du catéchisme aux écoliers. Les prix des classes se distribuaient à la Saint-Remy.

Le conseil des modérateurs fait défense à toutes personnes

d'exercer les fonctions de maître d'école dans les terres souveraines sans son expresse approbation. Enjoint à tous ceux qui seront reçus en cette qualité, de se présenter tous les ans à Pâques et à la Saint-Remy, audit conseil, pour y subir autant de fois un examen, pour s'assurer toujours plus de leur capacité et régularité de conduite.

1604. — Loi pour la jeunesse étrangère envoyée à Sedan pour étudier. — Don fait au collége. — Imprimerie. — Ordonnance du 5 août portant défense à toutes personnes de soustraire et recevoir en leurs maisons les jeunes gens envoyés à Sedan pour l'étude et connaissance des langues, ce qui prouve déjà la réputation du collége académique.

Dame Hélène de Louvain, épouse en secondes noces du président du conseil de Sedan, fait un legs de 1200 livres au collége académique.

Le conseil des modérateurs fait faire pour 150 livres de dépenses pour mettre en état l'imprimerie.

1605. — Jean de Brest est professeur d'arithmétique et de géométrie en l'Académie de Sedan.

1607. — Gages et pensions des sujets proposans de l'Académie — Droits de l'Académie pour le ministère accordés par le synode de la Rochelle. — Séances régulières de l'Académie. — Elle forme une bibliothèque publique. — Le Consistoire députe le ministre du Tilloy au synode provincial et national de la Rochelle. On règle dans ce synode le gage des professeurs et les pensions des écoliers proposans (gens destinées à embrasser un jour le ministère de la prétendue réforme), de l'école et Académie de Sedan. Il y avait alors en cette Académie sept étudians proposans. Le synode de la Rochelle accorde à l'Académie de Sedan les droits et priviléges de toutes les Académies de la prétendue réforme, c'est-à-dire de fournir aux autres églises de la réforme et d'instituer des pasteurs et ministres élevés, nourris et immatriculés en cette Académie de Sedan, d'en tirer à son choix des autres églises pour les églises des souverainetés, pourvu que les ministres ainsi tirés des autres églises, consentent aux désirs, volontés et ordres de l'Académie de Sedan.

L'académie ainsi mise de pair avec toutes les autres de la prétendue réforme, ne néglige aucuns moyens de s'illustrer. Elle ouvre des séances et exercices réguliers académiques en la grande salle de l'Hôtel-de-Ville. Scrupuleuse et rigide dans l'examen des ouvrages imprimés, elle défend d'imprimer aucune thèse sans être approuvée et visée dans le conseil des modérateurs. — Elle forme un fond de bibliothèque publique dans un appartement dudit ancien Hôtel-de-Ville, dont elle commet la garde et les soins au nommé François Martin, libraire, gagé à cet effet.

1608. — Le sieur Néran Samuel est fait professeur en grec de l'Académie de Sedan.

1610. — **Règlement pour les grades de l'Académie, du 21 mai 1610.** — Suivant ce règlement du conseil des modérateurs, autorisé par le prince Henri de La Tour, on borne, pour le temps présent, le cours de philosophie, au grade de maître ès-arts et de bachelier. On accorde les grades de licencié et de docteur à ceux qui feront en ladite Académie leur cours de jurisprudence. Celui qui aspirait au grade de bachelier devait être versé dans l'intelligence des orateurs et historiens grecs et latins, avec le compendium de la logique. Le maître ès-arts devait savoir soutenir thèse générale de toutes les parties de la philosophie ; le licencié devait avoir une notion générale du droit et principalement des matières les plus communes. Le docteur devait en outre être versé dans la connaissance du droit particulier des lois, de la jurisprudence et du droit canon. Les grades ont acquis successivement plus d'étendue à mesure que l'étude des langues orientales et de la théologie s'est perfectionnée dans l'Académie.

Manière de prendre les grades — Quant à la manière de prendre les grades, on donnait simplement au bachelier un livre particulier pour marque de son grade. Pour recevoir un maître ès-arts, on le faisait monter en la chaire du professeur, là on lui mettait son chapeau sur la tête ; on lui mettait aussi au doigt une bague achetée à ses frais et on lui donnait le livre d'Aristote. Le licencié et le docteur montaient également dans une chaire de droit où ils se couvraient, passant aussi à leur doigt une bague achetée à leurs frais. Le sixième des dépenses en argent que chacun des gradués devait faire pour la prise de leur grade était destiné pour les pauvres. Les écoliers pauvres étaient reçus gratis. On établit un chancelier de l'Académie et un bedeau.

Donaldson est établi principal du collége académique. — Melvin est professeur de théologie, aux gages de 800 livres par an. On lui donnait en outre une somme annuelle de cent francs pour son logement et son chauffage et 3 livres par mois pour la location d'une salle qu'il louait en ville pour donner des leçons publiques.

L'imprimerie de l'Académie était établie tant sur la tour de l'ancienne porte du Rivage que dans la maison attenant à ladite porte et au bastion de Floing.

Don. — Le sieur Jean Picard donne 3210 livres 10 sols pour l'entretien des pauvres écoliers de l'Académie de Sedan aspirant aux fonctions du saint ministère de la religion prétendue réformée. — Ces écoliers aspirants étaient attachés et tenus de servir l'Église et l'Académie. Plusieurs de ces écoliers sont devenus ministres et professeurs distingués de l'Église et Académie de Sedan.

1611. — Naissance de Turenne, le 11 septembre. Il est élevé dans la religion prétendue réformée, et a pour précepteur et pour maître, le ministre Daniel Tilenus. Son frère aîné, Frédéric Maurice, avait été instruit dans cette religion par le fameux ministre Dumoulin.

1612 — Don de la Reine à l'Académie. — Agrandissement du collége académique. — Jannon imprimeur. — La Reine régente constitue une rente annuelle de 4000 livres, en faveur de l'Académie de Sedan.

Le conseil des modérateurs achète une maison derrière le collége académique, appartenant à Samuel Bauclou, pour la réunir audit collége.

Jannon, imprimeur de l'Académie et ville de Sedan. La ville raccommode son logement et imprimerie sur la tour et maison attenant à l'ancienne porte du Rivage. Une des portes de l'imprimerie donnait sur le rempart et courtine du bastion de Floing.

1613. — Académie des exercices. — L'académie de Sedan acquérant chaque jour une plus grande réputation, devient Académie des lettres et Académie des exercices pour la noblesse et autres destinés à monter à cheval et faire les exercices du manége. Le sieur de St-Martin est établi par le prince Henri de La Tour, chef et maître de cette Académie des exercices. En conséquence, et pour maintenir le bon ordre, la tranquillité, la paix dans la ville, tant entre les académistes des lettres et des exercices, qu'entre lesdits académistes et les bourgeois, le prince donne le 23 août le règlement suivant :

1° En cas de différends entre les académistes des exercices gentilshommes et autres, le sieur de St-Martin comme chef et maître des exercices en connaîtra. S'il ne peut les accommoder, il en fera son rapport au prince ou à la princesse son épouse en son absence, et en l'absence de tous les deux au conseil du prince;

2° En cas de différends entre les académistes des exercices et les bourgeois, l'affaire sera portée directement devant le prince, en son absence à la princesse son épouse ou au conseil;

3° En cas de différends entre les académistes des exercices et les académistes des lettres, ou écoliers publics, qui prennent les leçons publiques soit de théologie, soit de jurisprudence, philosophie ou autre profession publique, l'écolier offensé portera sa plainte au professeur sous lequel il prend ses leçons publiques, lequel connaîtra de l'offense conjointement avec le chef ou directeur de l'Académie des exercices. Si cette première voie ne raccommode pas les parties entr'elles, le conseil des modérateurs jugera définitivement avec le professeur de l'Académie des lettres, et le directeur de l'Académie des exercices;

4° En cas de différends entre les écoliers du collége ou de l'Académie des lettres avec les bourgeois, les choses seront réglées selon la teneur des deux premiers articles.

Professeurs de mathématiques et d'hébreu. — Richard Dousset est fait professeur de mathématiques pour enseigner cette science à plusieurs jeunes princes et seigneurs logés au château de Sedan. Le sieur

Jean Hutten est aussi reçu professeur de la langue hébraïque en l'Académie.

Maîtres d'école. — Le conseil des modérateurs établit pour la ville de Sedan cinq maîtres d'école de lecture et d'écriture. Le cinquième de ces maîtres d'école, Abraham Royalet, n'avait pour fonctions que d'aller apprendre à lire et à écrire aux enfants, dans les maisons des particuliers.

Maîtresse d'école. — Ledit conseil établit en même temps une maîtresse d'école pour apprendre à lire et à écrire aux filles. En conséquence on défend aux maîtres de recevoir des filles dans leurs écoles, et à la maîtresse de recevoir des garçons dans la sienne.

Le Consistoire est chargé par le conseil des modérateurs de visiter exactement les prêches, tous les seconds dimanches des mois, conformément aux ordres et volonté des princes de Sedan.

1614. — **Dettes de la maison de La Marck envers le collège.** — Arrêt d'ordre rendu au Parlement de Paris, pour faire vendre quelques terres de la maison de La Marck, et faire payer par le produit de cette vente ce que cette maison doit à l'Hôtel-Dieu, hôpital et collège de Sedan. Le conseil des modérateurs touche de ladite vente une somme de 7737 livres 13 sols, dont l'emploi devait être fait selon les ordres et volonté du prince de Sedan.

1617. — Règlement du 15 juillet rendu par le conseil des modérateurs concernant la vie et conduite des étudiants, proposants et aspirants au saint ministère, en l'Académie de Sedan. Ce règlement défend absolument auxdits écoliers (à ceux surtout qui sont pensionnés par le conseil des modérateurs), de fréquenter les cabarets, de se livrer à aucune espèce de débauches, de mener promener les filles, de passer les soirées avec elles, de jouer aux jeux de hasard, au brelan et à tous autres jeux de cartes, pas même au jeu de paume. Il leur est également défendu d'invectiver ou de médire de personne, de faire enfin aucune action blâmable, scandaleuse, ou une action capable de les détourner ou de ralentir l'étude des sciences et pratiques de piété. Il leur est aussi expressément ordonné de fréquenter assiduement les leçons des langues grecque et hébraïque, les leçons et disputes de philosophie, de théologie, de s'exercer dans les disputes selon l'ordre des professeurs, d'assister régulièrement avec attention, modestie et révérence, à tous les prêches, catéchismes, prières, propositions et autres exercices spirituels; il leur est recommandé de recevoir avec humilité et douceur les admonitions et censures qui leur seront faites, soit par le préteur ou recteur de l'Académie, par son assesseur, par les professeurs, pasteurs et anciens de l'église. Ces anciens de l'église ou du consistoire y sont priés et invités de veiller soigneusement sur les mœurs desdits écoliers aspirants, de louer ou blâmer hautement leur conduite, lors des *semonces et censures générales qui doivent se faire avant la réception de la sainte Cène du Seigneur*, action religieuse qui devait se faire de trois mois en trois mois. Ce règlement enjoint en un mot à ceux qui sont chargés de veiller sur la conduite des autres, de tenir la main à l'exécution du présent règlement et de donner eux-mêmes l'exemple.

Etablissement de la bibliothèque publique. — Henri de La Tour, se livrant tout entier depuis sa retraite de la cour et du tumulte des affaires publiques aux établissements qu'il avait commencés ou qu'il avait trouvés imparfaits, fait accommoder une salle au nouvel Hôtel-de-Ville, pour y mettre une bibliothèque publique qu'il voulait former à Sedan; il s'adresse à l'Électeur palatin, son parent, pour avoir des manuscrits de la célèbre bibliothèque palatine; mais n'ayant pu obtenir cette collection précieuse de manuscrits, qui a été envoyée depuis par l'Empereur Ferdinand II à Rome, et donnée ainsi que tous les imprimés au Pape Urbain VIII, pour la bibliothèque du Vatican, le prince de Sedan se borne aux livres imprimés. Il s'attache à amasser tout ce qu'il y avait en ce genre de mieux dans toute l'Europe. Il fit l'emplette d'un si grand nombre et si bon choix, que de son vivant la bibliothèque de Sedan se trouve une des plus nombreuses et des mieux assorties qui fussent alors. Les changements arrivés par la suite dans l'état de la ville de Sedan, ont occasionné insensiblement la dissipation de cette bibliothèque dont le restant fut donné en 1671 au cardinal de Bouillon qui la revendiquait comme bien-meuble appartenant à la maison de La Tour.

1618. — Jean Jannon, maître imprimeur, graveur et fondeur à Sedan. — Il est l'auteur des caractères d'imprimerie nommés les sedanoises, caractères les plus fins qu'il y eût jusqu'alors. C'est à l'imitation de ces caractères que Jacques Sanlecque a fait ceux qu'on nomme la lettre parisienne, pour les opposer aux sedanoises. On confond aujourd'hui communément ces deux sortes de caractères que l'on appelle tantôt parisienne, tantôt sedanoise.

1619. — Les ministres et professeurs de Sedan, Melvin, Tilenus, Jacques Capel sieur du Tilloy, Jonston, examinent Alexandre Colvin pour la chaire de physique et la langue hébraïque. Il est reçu en cette qualité par le conseil des modérateurs. Capel était professeur de théologie aux gages de 1000 livres.

1620. — **Registre mortuaire tenu en vertu d'ordonnance du prince à dater du 1er janvier.** — Antoine Lion, chantre et maître de musique pour les écoliers du collége de Sedan, a été chargé de ce registre. L'ordonnance susdite a été renouvelée en août 1638, Samuel Mozet, régent au collége, a eu alors commission de tenir ce registre.

Le ministre Dumoulin se retire à Sedan. Le prince de Sedan le fait précepteur de Frédéric Maurice, son fils aîné. Le conseil des modérateurs le reçoit en qualité de pasteur ordinaire de l'église prétendue réformée de Sedan, et professeur de théologie en l'Académie, aux gages annuels de 1500 livres. En acceptant ces deux dernières fonctions, Dumoulin déclare qu'il les remplira jusqu'à ce qu'il plaise à Dieu le rappeler en son église de Paris, où il est alors remplacé par Drelincourt, mais il est resté à Sedan, jusqu'à sa mort, arrivée en l'an 1658. En 1568, il y avait déjà un Du Moulin ministre à Sedan; il signait par un m majuscule, tandis que Pierre Dumoulin commence toujours son nom par un m minuscule; c'est ce qu'on voit dans les registres des baptêmes, des mariages et du conseil des modérateurs.

2

Recteurs de l'Académie. — Le sieur Bordellins est nommé par le conseil des modérateurs recteur de l'Académie. C'est le premier dont il soit fait mention dans les registres. Cette charge se donnait de six mois en six mois. Le sieur Caillet succède au sieur Bordellins; ils étaient l'un et l'autre membres du conseil des modérateurs.

1621. — Jean Jannon, imprimeur de l'Académie de Sedan, fait des poinçons pour former les caractères de l'hébreu, du chaldéique, du syriaque, de l'arabe, du grec, du germain ou allemand, pour les lettres fleuries, les notes de musique, les vignettes, les fleurons.

1624. — Le conseil des modérateurs condamne l'imprimeur Jean Jannon à 3 livres d'amende, pour avoir imprimé une pièce de vers sans permission, avec défense de rien imprimer à l'avenir contre la disposition ou règlement établis par les modérateurs sous les peines de droit.

Samuel Desmarest, autorisé de David Desmarest, son père, bourgeois d'Orsimont, en Picardie, s'oblige à faire à Sedan les fonctions de pasteur et de professeur en théologie en l'Académie et l'église de Sedan aux gages de 1000 livres. Il remplace Jacques Capel, en sa qualité de ministre; il avait alors ving-cinq ans, Brazi était principal du collège; Rambour, membre du conseil des modérateurs, était recteur de l'Académie; Jacob Roussel, professeur en grec et chargé du soin de la bibliothèque; Bisterfeld, professeur de philosophie, Colvin, professeur en hébreu.

1625. — Elizabeth de Nassau, princesse de Sedan, fait assembler extraordinairement son conseil auquel elle convoque tous les pasteurs et ministres des terres souveraines, tous les membres du conseil des modérateurs, au sujet d'un jugement rendu au synode de l'Ile de France contre Samuel Desmarest, ministre et professeur de théologie à Sedan. Il est décidé dans ce conseil extraordinaire, auquel présidait la princesse, que le jugement du synode doit être déclaré nul, et comme non-avenu, vu que le corps des églises des terres souveraines, est séparé et tout-à-fait indépendant du corps des églises de France, avec lesquelles cependant on veut continuer de vivre en bon voisinage et correspondance. Défense en conséquence de mettre à exécution le jugement du synode. Ordre d'enregistrer l'arrêt du conseil d'Etat de la princesse de Sedan aux registres dudit conseil, à ceux aussi du conseil des modérateurs, du consistoire et du contrôle général. Après l'enregistrement de cet arrêt, le ministre Desmarest obtint la permission d'aller pendant cinq à six mois en quelque célèbre université, pour se perfectionner dans l'étude de la théologie et se rendre plus utile à l'église et Académie de Sedan. Il se rendit à Leyde où il fut reçu, le 8 juillet, docteur en théologie, et revint à Sedan dans le mois de novembre.

1626. — Le 22 décembre, Pierre Dumoulin est nommé recteur de l'Académie de Sedan.

1627. — Déclaration donnée le 3 septembre par laquelle la princesse de Sedan ordonne que le collège de Sedan, alors de la plus grande réputation parmi les étrangers même, demeurera sans réserve et à perpétuité sous l'entière direction des princes de Sedan et du conseil des modérateurs, lesquels régleront tout ce qui pourra concerner les fonctions des régents dudit collège académique.

Le sieur Colvin, professeur de philosophie, se charge aussi de la théologie et de donner des leçons du grec et de l'hébreu. Les leçons de l'hébreu se donnaient les lundis, mercredis et vendredis, depuis midi jusqu'à une heure; les leçons du grec, les mardis, jeudis et samedis à la même heure. (*Règlement du 26 novembre 1628*).

Chadirac est reçu conseiller du conseil des modérateurs.

1629. — La princesse de Sedan constitue par brevet, Daniel de Lambermont, avocat en parlement, et second régent du collège académique, en qualité de garde de la bibliothèque de Sedan, avec les honneurs et les prérogatives accoutumés, et cent livres tournois de gages annuels. On le charge de donner en l'espace de deux mois un nouveau catalogue de tous les livres de cette bibliothèque, lequel sera vérifié par les sieurs Rambour, de Moranvillé, du Vicquet, constitués pour ce sujet par le conseil des modérateurs.

1631. — Le prince Frédéric Maurice crée par brevet du 4 janvier, son valet de chambre, le sieur Trouillart, greffier du conseil des modérateurs, et receveur-général des deniers ecclésiastiques avec tous les honneurs, prérogatives et émoluments y attachés. Ces emplois étaient vacants par la mort de Gérard Baron.

Le sieur d'Aubert est aussi reçu professeur de jurisprudence en l'Académie de Sedan, avec 400 livres de gages. Il était docteur en l'Académie d'Orléans. On lui offre en même temps une place de conseiller au jugement des procès du bailliage et au conseil des appellations. Le sieur Deschamps est reçu professeur de philosophie.

1632. — Le consistoire et le conseil des modérateurs députent le sieur Chéron, ministre de l'église réformée de Sedan au synode de Paris. Le sieur Pithoys est reçu professeur de philosophie en l'Académie de Sedan avec 400 livres de gages.

1634. — Jean Gippon, maître d'école de Wadelincourt, ayant laissé prêcher un jésuite en l'église de Wadelincourt, le curé (Jean Alexandre) étant absent, le conseil des modérateurs qui en est informé cite le curé à comparoir pour ouïr ses raisons; lequel ayant assuré que le jésuite avait été admis à prêcher dans son église, pendant son absence et à son insu, le conseil des modérateurs déchargeant ledit curé de ce délit, rend le 29 avril un décret qui casse maître Jean Gippon de la fonction de maître d'école, et le déclare incapable de l'exercer désormais, pour avoir laissé prêcher ledit jésuite, et avoir ainsi contrevenu formellement aux défenses faites de longue main aux curés, marliers, maîtres d'école et autres ayant charges des églises romaines établies dans les terres souveraines, de laisser prêcher dans lesdites églises, aucuns étrangers ou autres n'ayant vocation, ni permission du prince.

Règlement de discipline pour les classes du collége de Sedan. — Le conseil des modérateurs donne, le 1er avril, un nouveau règlement de discipline pour la direction des classes du collége académique. Par ce règlement en 14 articles, on confirme au principal du collége l'inspection sur les régents pour l'entrée et sortie des classes. Chaque classe devait être de deux heures et demie, sans ne devoir retrancher desdites heures que pour des causes urgentes. Le principal devait visiter et examiner les leçons et thèmes des régents pour voir si l'un et l'autre étaient à la portée des écoliers de chaque classe. C'était au principal à former le style des régents ; il devait leur rappeler leurs dernières leçons. On abolit absolument la coutume de donner aux écoliers les thèmes sans leçons, comme cela se pratiquait quelque fois en classe. Les congés devaient être rares, si ce n'était après Pâques, qu'on pouvait en accorder un jour par semaine. On restreint les vacances à quinze jours ; elles étaient auparavant de trois semaines. L'examen des promotions ou avancement de classes était fixé au second lundi de septembre, et la rentrée des classes au 1er octobre. On abolit aussi les congés qu'on accordait aux accouchements des femmes de régents, aux jours de foire, excepté le jour de la foire de St-Martin. Il était enjoint aux régents de faire leur demeure au collége, comme cela était de coutume lors de l'institution dudit collége, afin que le principal puisse par ce moyen éclairer leur conduite. Il était aussi ordonné au principal et aux régents de faire observer aux écoliers les lois du collége, de leur défendre tous festins et buvettes, toute fréquentation de cabarets, de porter des armes et d'avoir des carabines. Il était enjoint de châtier rigoureusement et selon les lois du collége, les écoliers jureurs, blasphémateurs ou diseurs de paroles impudiques. Les écoliers négligents qui entraient en classe, la leçon commencée, devaient être châtiés après la première ou la seconde admonition. Il était enjoint auxdits écoliers de se rendre au collége, les jours de prêche, pour être ensuite menés en corps au temple, le principal et les régents à leur tête, et y assister aux exercices de religion. Le principal et les régents étaient chargés de veiller soigneusement à ce que tous s'y comportassent avec modestie et attention. Le principal et les régents devaient faire exactement soir et matin la prière publique chez eux, et y faire assister tous leurs domestiques et pensionnaires. La porte du collége devait être tenue exactement fermée, tant pour empêcher les écoliers pensionnaires de sortir sans permission, que pour faire rester toutes les autres classes jusqu'aux heures prescrites. Enfin le principal chargé de réprimer les régents désobéissants aux règlements, devait avertir le conseil des modé-

1644. — Serment au Roi. — Les ministres et anciens du consistoire, les régents du collége, les membres et chefs de l'Académie prêtent serment de fidélité au Roi. Il y avait alors neuf ministres à Sedan, savoir : Pierre Dumoulin, ministre et professeur; Abraham Rambour, ministre et professeur; Gédéon Chéron; Louis Leblanc de Beaulieu; Pierre Ferry; Jacques Gantois; Jean Sacrelaire; Jean Benoît; Jean Brazi.

Les anciens du consistoire étaient Pierre Chadirac, Philippe Baron, Jérémie Croyé, Henri Sacrelaire, Robert Cottin, Jean de Hoût, Isaac Varin, Jacques Ostome, Jacques Didier, Jacques rateurs, lorsque par lui-même il ne pouvait les contenir dans l'ordre et la soumission.

Claude Sonnet, régent du collége, à l'occasion du mariage de Frédéric Maurice, prince de Sedan, avec Eléonore de Bergues et de leur arrivée à Sedan, fit imprimer une pièce de vers en leur honneur par Jean Jannon, imprimeur de l'Académie.

1638. — *Dans l'édit publié par Frédéric Maurice au sujet de sa conversion,* on lit :

1º Que ceux de la religion contraire à la catholique dont nous faisons maintenant profession, seront maintenus et conservés, et que maintiendront nos enfants et successeurs après nous, à ce qu'ils soient maintenus et conservés en l'exercice libre et public de leur dite religion et discipline ecclésiastique, synodes, colloques et consistoires, avec la même liberté dont ils jouissent à présent, ensemble l'Académie, collége, et écoles de ladite religion, et en tous les exercices publics et particuliers qui en dépendent, sans que pour quelque cause, prétexte ou occasion que ce soit, ils y puissent être troublés ou empêchés :

2º Ni pareillement en la possession, usage et jouissance de leurs temples, cimetières, maison du collége, salles et chambres de la maison de ville, pour les exercices de l'Académie et du consistoire, et usage de la bibliothèque, ni en la propriété et possession des biens, rentes et revenus, fondations, dotations, legs testamentaires qui appartiennent ou pourront ci-après appartenir à ladite église et pauvres de ladite religion dont l'administration sera et demeurera aux consistoires et bureau desdits pauvres ainsi qu'il est accoutumé ;

3° Promettons en outre de faire fournir à toujours les fonds et deniers nécessaires pour l'entretènement des ministres, professeurs , régents, maîtres d'école, étudiants et autres suppôts de ladite Académie et église, dépenses ordinaires et extraordinaires accoutumées, et ce qui en peut dépendre, sans aucun manquement, desquels deniers le conseil des modérateurs, qui sera toujours composé des personnes de ladite religion, aura la direction et distribution ;

4° Sera ledit conseil des modérateurs maintenu et conservé en l'autorité et pouvoir qui lui a été donné lors de son établissement pour la conduite et direction de ladite Académie, règlement et connaissance des affaires qui en dépendent.

12° Pourront ceux de ladite religion contraire à la nôtre actuellement, faire imprimer vendre et débiter tous livres concernant ladite religion, comme il se faisait auparavant après toutefois avoir été examinés par le conseil des modérateurs.

13° Auquel effet sera, l'imprimeur de ladite religion, conservé en tous ses droits, gages et priviléges, et son décès advenant, en sera par nous établi un autre de ladite religion et ainsi consécutivement.

Donné à Sedan, le dernier jour du mois d'août 1638. Signé, Frédéric Maurice de La Tour, et plus bas, par monseigneur, Chadirac et Sully.

1639. — Le prince Frédéric Maurice accorde au sieur Pithoys un brevet de garde de la bibliothèque de Sedan. Le sieur d'Aubert est reçu recteur de l'Académie sedanoise.

Le conseil des modérateurs ordonne le 6 juillet que tout ce qui sera désormais imprimé, devra porter ces mots : avec approbation du conseil des modérateurs.

1640. — Le conseil des modérateurs obtient de Son Altesse , Frédéric Maurice, le privilége d'avoir séance et voix délibérative au conseil souverain de Sedan, dans tous procès en matière civile, où les professeurs, régents, écoliers et tous autres suppôts de l'Académie et du collége, seront parties, soit en qualité de demandeurs ou en défendant. Ordonne Son Altesse que lesdits procès seront jugés et instruits par le bailli ou son lieutenant, et veut que les jugements qui en proviendront soient expédiés par le greffier du baillage, qui, en cette occasion, sera regardé comme greffier du conseil des modérateurs.

Ce conseil accorde à Pierre Jannon, encore jeune, fils de Jean Jannon et de Suzanne François, le titre d'imprimeur de l'Académie, sous la conduite de sa mère avec tous les émoluments et prérogatives.

Martin, David de Schelberge, Léonard de Buzanges, Abel Barthélemy et Gérard Archambaut.

Les régents du collége outre le ministre Brazi, professeur en grec, principal et 1er régent, étaient Claude Sonnet, Jean Sigart, Samuel Mozet, Jean Martin, Godefroi de Lo, Claude Pithoys, professeur de philosophie et garde de la bibliothèque, Abraham Du Han, docteur en médecine, et professeur aussi de philosophie....

Edit du mois de juin par lequel Louis XIV confirme les Sedanais dans tous leurs priviléges, et particulièrement dans la possession de leurs écoles, collége, Académie et bibliothèque, exercices publics et particuliers de la religion dite réformée, à la réserve des biens et revenus ecclésiastiques qui seront rendus et restitués à ceux à qui ils appartiennent, et d'autant qu'il était pris sur le fond d'iceux une somme annuelle de 12,000 livres pour la subsistance d'aucuns de ladite religion prétendue réformée, collége et Académie, Sa Majesté veut qu'il soit continué et assigné pareille somme annuelle de 12,000 livres sur les plus clairs deniers desdites souverainetés, laquelle somme sera régie par le conseil des modérateurs de l'Académie.

1615. — Le conseil des modérateurs, les ministres et anciens du consistoire, règlent les dépenses et gages des professeurs de l'Académie, régents du collége, des maîtres d'école, des pauvres étudiants, etc. Comme ces gages, pensions et dépenses devaient se prendre sur les 12,000 livres de rente annuelle que le Roi leur avait assignées sur le domaine, au lieu et place des biens et revenus ecclésiastiques, ils s'étaient trouvés arriérés de 266 livres de dépense en cette année, au delà des 12,000 livres susdites.

1651. — Le ministre Leblanc de Beaulieu est fait recteur de l'Académie de Sedan. Ce poste qui se changeait de six mois en six mois auparavant, ne se changea plus que de deux en deux ans. Beaulieu succède à Pierre Dumoulin dans cet office. Josué Levasseur, ministre à Givonne, est fait ministre à Sedan, et professeur en grec. Mort du ministre Rambour professeur en hébreu.

Abraham Durand, docteur en médecine, et professeur ordinaire de philosophie en l'Académie de Sedan, fait imprimer par Jannon, imprimeur de ladite Académie, un volume in-18, ayant pour titre : *L'hydrogéomantie sedanoise, ou discours en forme de dispute sur la nature de l'air, terres et eaux qui sont autour de Sedan, et des causes des maladies populaires qui ont accoutumé de régner en cette ville.* Il fixe la situation de Sedan à peu près sous le 30e degré de longitude, et le 49e de latitude boréale; une aiguille aimantée varie à Sedan, dit-il, de cinq degrés ou environ.

1653. — Le conseil des modérateurs du collége et Académie de Sedan, fait, le 9 février, un arrêté portant, que vu la cherté des vivres et le petit nombre des écoliers au collége, il sera permis aux régents d'exiger pendant la présente année seulement, 12 sols par mois de chaque écolier de la sixième classe; 15 sols des cinquièmes; 18 des quatrièmes; 23 des troisièmes; 28 de ceux de la seconde classe, et enfin 32 de la première.

1656. — Leblanc de Beaulieu est reçu conseiller du conseil des modérateurs.

1658. — **Serment des professeurs de théologie en l'Académie de Sedan.** — Le  ministre Josué Levasseur est reçu professeur de théologie en l'Académie de Sedan, et prête en conséquence le serment ordinaire entre les mains des modérateurs. Ce serment portait que les professeurs de théologie en ladite Académie déféreraient en tout aux avis dudit conseil des modérateurs, qu'ils feraient tous leurs efforts pour vivre hommes de bien devant Dieu et devant les hommes, pour n'être à personne des sujets de scandale, pour faire tout ce qui pourrait contribuer à la gloire du nom de Dieu, à l'édification de l'Église chrétienne et orthodoxe, et à l'honneur de l'Académie et faculté de théologie de Sedan ; qu'ils promettaient et juraient devant Dieu le père, le fils et le St-Esprit, et l'indivisible Trinité, de ne jamais enseigner soit de vive voix, soit par écrit, aucunes propositions qu'ils ne jugeraient pas conformes à la parole de Dieu consignée dans les livres saints ; qu'ils soutiendraient de tout leur pouvoir et expliqueraient le plus clairement qu'ils pourraient la vérité céleste et salutaire révélée dans ces saints livres ; qu'ils combattraient dans toutes les occasions, soit en public, soit en particulier, comme doivent faire des docteurs pieux et chétiens, toute erreur contraire à ces vérités saintes ; que jamais enfin ils ne prendraient aucuns grades de docteur ou de licencié dans d'autres Académies, au mépris de celle de Sedan.

— Josué Levasseur est reçu conseiller du conseil des modérateurs en la place du célèbre Pierre Dumoulin, ministre et professeur de théologie à Sedan, mort en cette année, âgé de 90 ans.

— Jean Martin, soldat sedanais dans la compagnie du sieur Croyé, étant eu garnison à Bergues sur le Zoan, fait imprimer une traduction d'une brochure in-12, intitulée : *Le baume pour les malades, ou traité plein de grandes consolations, tirées des divines écritures pour ceux qui sont affligés tant de corps que d'esprit*, Cette brochure a été aussi imprimée à Sedan chez Jannon.

1659. — Le Roi réduit la pension de 12,000 livres accordée à l'Académie de Sedan, sur le domaine, en 1644, à 10,000, et charge ladite Académie de payer annuellement sur cette somme de 10,000 livres 600 livres à la charité des pauvres catholiques de Sedan, et 400 livres aux pauvres d'icelle ville dont ils jouiront à perpétuité.

1660. — Le sieur de St-Maurice vient à Sedan én qualité de

ministre et de professeur de théologie. Le sieur Colvil obtient la chaire hébraïque qu'avait le ministre Levasseur.

1663. — **Placets des catholiques pour exclure les académiciens de l'Hôtel-de-Ville et rentrer en la maison et hôpital des douze Apôtres.** — Monsieur Colbert, conseiller ordinaire du Roi en tous ses conseils, et maître des requêtes ordinaires, ayant été chargé par Sa Majesté lorsqu'elle est venue à Sedan, lors de la suppression du conseil souverain de cette ville, de dresser procès-verbal de vérification sur diverses plaintes faites par les catholiques contre les calvinistes de ladite ville, les officiers, magistrats et autres principaux catholiques, font en conséquence une rédaction motivée en forme de mémoire de tous les placets et plaintes jusque-là présentés au Roi contre lesdits calvinistes. D'abord : 1° Les magistrats catholiques demandent à Sa Majesté d'ôter aux professeurs de l'Académie, aux ministres et anciens du consistoire, la possession de l'Hôtel-de-Ville, où ils donnaient leurs leçons, où ils soutenaient leurs thèses, où ils tenaient leur consistoire, ne laissant qu'une seule chambre libre dudit Hôtel-de-Ville, tant pour l'exercice des fonctions du bailliage et siége présidial, que pour les assemblées du corps de ville et  justice consulaire, etc. ; 2° Les gens du bureau des pauvres catholiques supplient sa dite Majesté de les remettre en possession de la maison et hôpital des douze Apôtres, dans laquelle ils ont établi leur collége académique, cette maison ayant été fixée par la fondation pour servir de retraite aux pauvres catholiques.... 3°.... 4° tous les principaux catholiques de Sedan, magistrats, administrateurs, officiers municipaux, représentent à Sa Majesté la nécessité d'établir un collége pour l'instruction de leurs enfants et un couvent de religieuses pour la retraite et l'éducation de leurs filles pour les enseigner dans la lecture, l'écriture, et leur apprendre les ouvrages conformes à leur état et leur sexe; 5° pour former les établissements susdits, les suppliants remontrent au Roi qu'en laissant les Capucins jouir des 400 livres et les pauvres de la Charité des 600 livres de pension annuelle sur le domaine, distraites des 12,000 livres accordées annuellement sur ledit domaine aux ministres et Académie de Sedan, les 11,000 livres restant suffiront pour former tous les établissements susdits en faveur de la religion catholique.

Collége de Jésuites. — Les représentations des catholiques pour avoir un collége propre pour l'instruction de leurs enfants, sont suivies incontinent de l'établissement des Jésuites à Sedan. Le roi leur expédie dans le mois d'octobre des lettres patentes pour l'érection d'un collége sous la direction des Jésuites de la province de Champagne, dans lequel on enseignera les humanités et la philosophie. Le quinze du même mois, intervient un arrêt du conseil de Sa Majesté, par lequel se déclarant fondatrice du dit collége, elle enjoint au collége académique de donner une somme de 10,000 livres pour l'achat d'une maison propre pour la construction de ce nouveau collége. Elle attribue en outre, à perpétuité, la moitié de la pension annuelle dont l'académie jouissait sur le domaine de Sedan, pour l'entretien des régents. Le sieur Saint-Maurice (Jacques Alpée), et Louis Leblanc de Beaulieu, ci-devant recteur de l'académie, autorisés du consistoire et du conseil des modérateurs, obéissent le 9 janvier 1664 au susdit arrêt du Conseil, sur lequel étaient intervenus deux autres arrêts du susdit conseil. Cette moitié n'étant que de 4,500 livres, Sa Majesté ajoutait encore une gratification annuelle de cent pistoles. Ainsi le collége jouissait de 5,500 livres, et l'académie protestante a été dès lors réduite à une pension de 4,800 livres, non comprises 2,000 livres pour les ministres. Le père Adam est fait régent de ce nouveau collége. Il achète pour prix et somme de 2268 livres, la meilleure partie du terrain sur lequel est construite cette maison. En attendant que les bâtiments soient faits et propres à y loger, le roi ordonne au comte de La Bourlie de céder aux dits Jésuites, toutes les places qui leur seront nécessaires dans le bas château pour leur domicile et tenue des classes. Les autres demandes des catholiques pour l'établissement d'un couvent de religieuses n'ont pas été accordées : cependant elles ont donné lieu aux lettres patentes et aux fonctions que remplissent aujourd'hui encore les Filles de la Propagation de la Foi, dont on a parlé ci-dessus à l'an 1652 ; c'est aussi ce qui a donné lieu à l'établissement du séminaire dont on parlera ci-après en 1681.

Louis XIV ayant aussi écouté favorablement les plaintes des magistrats, défend aux ministres et anciens du consistoire, aux professeurs et suppôts de l'Académie, de s'assembler à l'avenir, de donner des leçons et de soutenir des thèses dans le palais de l'Hôtel de Ville. En conséquence le conseil des modérateurs ordonne que toutes les susdites fonctions tant du consistoire que de l'Académie se tiendront désormais au collége académique.

Enfin par un arrêt du Conseil rendu au mois d'août, Sa Majesté ordonne au sieur Pithoys, régent du collége académique et garde bibliothèque, de remettre au président Morel un catalogue exact de tous les livres, etc., de la bibliothèque.

1664. — Pierre Jannon, imprimeur de l'Académie, fils du célèbre Jean Jannon, graveur et imprimeur dont on a parlé ci-devant, va être ministre à Etampes au mois de janvier. Suzanne François sa mère, avait toujours conduit l'imprimerie depuis la mort de son mari jusqu'à ce que son fils Pierre eût été en état de le faire. Elle avait été autorisée à cette fonction par le conseil des modérateurs, jouissant des gages et priviléges qui y étaient annexés, en reconnaissance des services que son mari avait rendus à la dite Académie; mais Suzanne trop caduque pour continuer encore l'imprimerie après le départ de Pierre, le conseil des dits modérateurs choisit le sieur François Chayer pour être imprimeur de cette Académie, aux gages de cent livres par an, avec tous les priviléges, franchises et immunités attachés à cet emploi. — Les ministres, modérateurs et professeurs académiques de Sedan, méprisant les lois de l'Eglise et de la police touchant le repos et la sanctification des fêtes chômables, ouvrent les classes ces jours-là, et donnent des leçons aux écoliers, comme tous les jours de travail. Louis XIV ayant eu connaissance de ces sortes de prévarications, envoie ses ordres le 27 mai portant défense d'ouvrir les classes et de donner des leçons aux écoliers dans les dits jours de fêtes chômables, sous peine de 500 livres d'amende pour la première fois, du double pour la seconde, et de 2000 livres pour la troisième, le tout applicable aux pauvres de l'hôpital de Sedan, et en outre de privation des collége et Académie dont ils jouissent; sous peine encore de désobéissance et d'être déclarés incapables d'exercer à l'avenir aucune fonction de ministre. Sa Majesté enjoint expressément à tous ses officiers de justice et au comte de La Bourlie, commandant au gouvernement de Sedan de tenir la main à l'éxécution des présentes.

Décadence du collége académique de Sedan. — Causes de ce désastre. — Réparations faites au collége. — Le conseil des modérateurs tient le 6 novembre 1604 une assemblée pour remédier au relâchement introduit dans le collége académique de Sedan. Depuis près de sept ans la réputation de ce collége commençait à déchoir de sa première splendeur. A Metz et ailleurs on se plaignait fort des humanités de Sedan ; les parents menaçaient les suppôts du dit collége d'en retirer leurs enfants qui, outre la perte de leur temps, vivaient encore sans discipline et sans joug. Les régents ayant depuis quarante ans pour principal le sieur Brazi, n'étaient nullement exacts à observer les sages lois et règlements de discipline scholastique qui avaient acquis au collége académique son ancienne réputation. L'âge et la caducité du principal ne lui permettaient presque plus de tenir une main sévère à l'observance des dits règlements. Le conseil des modérateurs ne voyant point d'autre remède à ce mal que celui de substituer un autre principal au sieur Brazi, qui était aussi premier régent, celui-ci refuse d'obéir aux volontés du conseil. Pour se maintenir dans son poste, il demande au comte de La Bourlie sa protection. Ce vice-gouverneur se charge de présenter au Roi un mémoire que ledit Brazi lui met en main à ce sujet. Les modérateurs qui prévoyaient que l'opposition de Brazi pouvait tendre à la ruine du collége académique, entrent en accommodement avec lui : Brazi satisfait se démet de son plein gré, et le conseil met en sa place un autre principal et premier régent. C'est le ministre Saint-Maurice qui le remplace comme principal.

Le conseil des modérateurs engage le Consistoire à prêter de l'argent à l'Académie, chargée de dettes et sans aucune prompte ressource en main pour réparer le collége académique dont quelques bâtiments menaçaient ruine. Le Consistoire paie en conséquence

630 livres ou deux cents écus blancs pour les réparations qu'on y fait.

1665. — Académie des exercices toujours célèbre. — Sedan fourmille de jeunes gentilshommes qui viennent apprendre les exercices convenables à la noblesse, dans l'Académie des exercices qui se soutient toujours avec distinction.

Abraham Colvil était alors professeur de mathématiques. — Jeankin Cristophore, du pays de Galles, en Angleterre, ministre et maître ès-arts, et socius en l'Académie d'Oxford, vient à Sedan, pour prendre en l'Académie de cette ville le grade de docteur en théologie. — Le ministre Du Rondel est fait premier régent au collége académique.

1666. — Les livres de la bibliothèque publique de Sedan, ayant été transportés au château, lorsque les ministres, le Consistoire et les professeurs de l'Académie ont été obligés de vider l'Hôtel-de-Ville pour laisser tous les appartements et le palais à la disposition du baillliage et siége présidial, tous les livres, dis-je, ayant été mis dans une salle dudit château trop petite, trop basse et trop humide, le comte de La Bourlie écrit au Roi pour lui représenter qu'ils dépérissent en cet endroit; Sa Majesté lui mande en conséquence de rétablir ladite bibliothèque dans une grande chambre dudit palais, tant pour la conserver en bon état par ce moyen, que pour la rendre utile au public. Le sieur Dufrène, conseiller, est constitué garde bibliothèque.

1667. — Le conseil des modérateurs fait itératives ordonnances à tous les régents du collége académique d'expliquer assiduement et familièrement, tous les samedis, les principes de la religion chrétienne à leurs écoliers, afin de les affirmer puissamment dans la connaissance de la vérité et de la vertu, et les mettre par ce moyen en état de la soutenir et de la défendre contre les subtilités et la chicane de l'erreur. Déjà pour obvier au temps perdu pour les classes, occasionné par les fêtes chômables, vu que les écoliers ne pouvaient ces jours-là fréquenter le collége, ledit conseil avait fait, le 3 mars de l'année précédente, un règlement portant que lesdits écoliers n'auraient plus les congés des premiers jeudis de chaque mois, ni ceux des jours de foire, ni enfin ceux des mercredis lorsqu'il arriverait un jour de fête dans la semaine.

— Répétitions de l'Académie à la maison de La Marck. — Le receveur du collége académique, Jean Trouillart, chargé de la procuration du ministre Louis Leblanc de Beaulieu, recteur de l'Académie, est envoyé vers les créanciers de la maison de La Marck, pour être payé de ce qui est dû audit collége par les héritiers de Françoise de Bourbon, duchesse de Bouillon. Pour satisfaire aux dettes de cette maison, on avait mis en vente l'hôtel de Nemours et d'autres biens.

1668. — Election des ministres et professeurs de Sedan. — Contestation entre le Consistoire et le conseil des modérateurs, touchant l'élection et nomination des ministres. Le Consistoire formé et composé des ministres et anciens de l'église de Sedan, prétendait être seul en droit de les nommer. Après plusieurs difficultés survenues à ce sujet, le Consistoire et le conseil des modérateurs conviennent par acte du 6 janvier, qu'à l'avenir, tant les ministres que les professeurs et autres suppôts de l'Académie seront élus et nommés par lesdits Consistoire et conseil.

1669. — Mort de Charles Drelincourt à Paris où il était ministre; il était né à Sedan en 1595.

1670. — Le conseil des modérateurs, sur les plaintes du peuple calviniste de Sedan, enjoint aux régents du collége académique, de suivre leurs écoliers au temple, de les empêcher de faire bruit sur leur galerie, pendant le temps des prêches, et de les faire écouter en silence et respect les instructions qui s'y font, et les prières qui s'y disent. Un de ces régents cependant était exempt de suivre les écoliers en ladite galerie, par la nécessité où il était de se trouver au parquet pour le maintien aussi du bon ordre.

1671. — Réglement pour l'imprimerie des livres protestants à Sedan. — Le Lieutenant général du bailliage et siége présidial de Sedan, Guillet de La Mesnardière, ayant représenté au roi qu'il s'imprimait, avec l'approbation du conseil des modérateurs de l'Académie de Sedan, divers libelles diffamatoires et scandaleux, Sa Majesté rend une ordonnance, en date du 10 Janvier, qui défend à ceux de la religion prétendue réformée de la ville et souveraineté de Sedan et terres souveraines, de faire imprimer aucuns livres ou écrits avec la seule approbation du conseil des modérateurs de la dite religion, comme chose abusive et absolument contraire aux règlements généraux du royaume ; sa dite Majesté voulant qu'aucun livre ou écrit particulier des prétendus réformés ne puisse être imprimé à Sedan et dans les souverainetés, sans la permission du lieutenant général du Bailliage, ou en son absence, de son lieutenant particulier, ou en l'absence de l'un et de l'autre, d'un magistrat catholique, lesquels ne permettront d'imprimer que sur l'approbation de deux ministres de la prétendue réforme. Ces deux ministres et autres approbateurs demeureront responsables en leur propre et privé nom, du contenu des ouvrages imprimés avec leur approbation.

Le conseil des modérateurs supprime un mémoire imprimé du sieur Pithoys, régent du collége académique, et professeur de philosophie, lequel mémoire était rempli de termes injurieux contre les principaux membres de l'Académie.

La bibliothèque de Sedan est rendue à la maison de Bouillon. — Emmanuel Théodose, surnommé le cardinal de Bouillon, et troisième fils de Frédéric Maurice, ayant demandé au roi la bibliothèque de Sedan, qu'il répète comme bien meuble de sa maison, cette bibliothèque ayant été formée par Henri de La Tour, son aïeul, Sa Majesté engagée d'ailleurs à la rendre par le traité d'échange de 1652, permet audit cardinal de la reprendre. Elle était alors en assez mauvais ordre, gâtée par l'humidité de la salle du château où on l'avait transportée. Ceux à qui le roi en avait confié la garde depuis qu'elle avait été remise à l'Hôtel-de-Ville, avaient laissé prendre et égarer un grand nombre de livres qui ne se sont plus retrouvés.

Dispute pour la chaire en hébreu de l'Académie. — La chaire de professeur en hébreu vaque en l'Académie de Sedan. Les ministres Colvil et Levasseur prétendent tous les deux à cette chaire. Le conseil des modérateurs s'assemble extraordinairement pour juger de la concurrence de ces deux ministres professeurs, mais comme il n'y avait plus que six membres depuis la mort de Chadirac, du nombre desquels était Levasseur, et que d'ailleurs les sieurs Louis Leblanc de Beaulieu, et Jacques Alpée de St-Maurice, étaient parents de Colvil, et récusables dans le jugement de cette affaire, on appelle pour juger ce différend avec les sieurs d'Ozannes et Trouillard, les sieurs Gantois, ancien ministre à Sedan, Pithoys et Brazi, professeurs de philosophie, le colonel Bauda, Néaulme, avocat en parlement; ces deux derniers étant membres du Consistoire. Colvil est reçu professeur en hébreu, et Josué Levasseur est débouté de ses prétentions.

1672. — Le ministre Josué Levasseur meurt le 1er Décembre. Le Consistoire et les modérateurs fondés sur un prétendu usage condamné par les lois, exposent son cadavre en public, la face découverte. L'heure de sa sépulture arrivée, on le conduit au cimetière du faubourg du Rivage, avec la plus grande pompe et en plein jour. Trente personnes de marque, professeurs, modérateurs, ministres, anciens proposants, et autres membres de Consistoire marchaient devant le corps, précédé d'un bedeau en habit noir, portant la masse haute; à la suite du corps marchaient environ quarante personnes aussi en habit noir.

1673. — **Sujets proposés par le conseil des modérateurs pour remplacer le ministre Levasseur.** — Le conseil des modérateurs écrit au comte de Labourlie qui était alors absent, pour le prévenir sur le remplacement du ministre Levasseur, non-seulement en qualité de ministre, mais aussi comme professeur de l'Académie; il propose trois sujets au gouverneur, savoir : Jurieu et Vernier, ministres à Vitry-le-François, et Lepage, ministre dans le pays de Caux, laissant audit comte le choix de l'un de ces trois sujets qu'il jugerait à propos, et lui faisant sentir néanmoins que le ministre Jurieu méritait la préférence pour remplir le double emploi de professeur et de ministre. (*Registre des modérateurs*).

Opposition du Consistoire. — Le Consistoire piqué de la démarche des modérateurs, veut qu'on ajoute cinq autres sujets aux trois susdits, et déclare qu'il ne peut consentir à la vocation de Jurieu pour ministre à Sedan. Bayle qui lui donnait les qualités d'un homme d'une imagination féconde, ajoute que Jurieu aussi était présomptueux, orgueilleux, impérieux, turbulent à l'excès, portant la discorde partout où il était, ce qui le rendait odieux à tout le monde et ce qui l'avait déjà fait chasser de l'église de Mer. (*Dict. de Bayle;* — *Regist. des modér.*)

Assemblée des modérateurs et du Consistoire pour terminer à l'amiable le choix d'un ministre et professeur. — **Raisons de préférence pour Jurieu.** — Comme il était de l'intérêt du conseil des modérateurs et du Consistoire de cacher aux yeux de la cour et du gouverneur de Sedan la division qui régnait entr'eux, le conseil des modérateurs propose dans une assemblée du 11 janvier, de terminer les choses à l'amiable pour le repos et bien de leur église et Académie. Les modérateurs représentent au Consistoire : 1° que Jurieu, âgé d'environ 35 ans, avait l'âge qu'on peut souhaiter pour remplir les fonctions de ministre et de professeur de théologie; qu'il avait toute l'expérience nécessaire; que Vernier, trop âgé, avait d'ailleurs une voix si faible, qu'il ne pourrait se faire entendre dans le temple de Sedan; que le sieur Lepage, son autre concurrent, était encore trop jeune, n'ayant que 28 ans; 2° que Jurieu (petit fils de Pierre Dumoulin, ancien ministre qui avait si longtemps servi dignement l'église de Sedan), pouvait être regardé comme enfant de cette église, et mériter à cet égard la préférence sur tous autres; 3° que Jurieu, outre toutes les qualités requises dont il est doué, était encore le plus agréable au goût de M. de Labourlie, leur gouverneur; 4° que Jurieu avait aussi la voix du peuple, condition à laquelle devaient s'astreindre et le conseil des modérateurs et le Consistoire dans la nomination des pasteurs (méthode que l'on avait suivie dans l'élection du ministre Gauthier) puisqu'il était notoire que Jurieu avait déjà été demandé pour pasteur extraordinaire à Sedan, par plus de deux cents familles, lesquelles s'étaient offertes de l'entretenir à leurs dépens; 5° enfin qu'il était de la plus grande importance pour la conservation de leurs priviléges, que les modérateurs et le Consistoire vivent en bonne union et intelligence, surtout pour le choix des pasteurs et suppôts de l'Académie; que de là dépendait le bon ordre et la tranquillité; que jamais on ne devait s'écarter de la convention faite depuis quelque temps entre ledit conseil et le Consistoire, pour choisir à voix commune, les ministres de l'église, et les professeurs de l'Académie de Sedan; que cette concorde était seule capable de maintenir le peuple lui-même dans le respect et la soumission à ces deux corps (*Modér.*).

Le Consistoire se rend aux raisons du conseil des modérateurs, et consent par un délibéré du 19 février d'envoyer au sieur Jurieu, sa vocation de professeur de théologie en l'Académie de Sedan, et de *ministre surnuméraire* de l'église de cette ville. Le ministre Leblanc de Beaulieu est chargé d'envoyer à Jurieu toutes patentes nécessaires.

Le Consistoire de Vitry-le-François s'oppose à l'émigration de Jurieu. Ce ministre de son côté (contre lequel on publie un libelle diffamatoire, envoyé de Sedan à Vitry) refuse de venir à Sedan, à moins d'être reçu pour quatrième pasteur ordinaire. — Le Consistoire de Sedan refuse d'acquiescer aux désirs de Jurieu, et lui envoie des lettres qui le dégagent de la vocation du choix fait de sa personne en qualité de ministre à Sedan (*ibid.*)

Le conseil des modérateurs qui regarde la démarche du Consistoire comme une infraction de ses droits, demande acte au Consistoire, par lequel il ait à déclarer que le dénouement et dégagement donné à Jurieu, ne portera aucun préjudice au droit et à la possession où est le conseil d'être toujours joint au Consistoire en une même assemblée pour procéder, conjointement, à la nomination et élection des ministres, et que pour remplir ces places vacantes, ledit Consistoire croit aussi qu'il serait nécessaire de se conformer aux inclinations des pères de famille. (*Reg. des modér.*). Ce droit ou concordat avait été solennellement renouvelé le 16 janvier de la présente année.

1673. — **Jurieu est appelé à Sedan pour y professer la théologie et l'hébreu.** — Pendant ces débats des modérateurs et du Consistoire, la chaire hébraïque de l'Académie vient à vaquer par la mort de Colvil. Le conseil des modérateurs qui voulait absolument attirer à Sedan le ministre Jurieu, lui offre les chaires de théologie et de langues orientales. Ce ministre accepte ces deux chaires par une lettre du 29 juin, écrite de Vitry au conseil des modérateurs. L'église de Mer, et le synode du Berri lui accordent par des actes en bonne forme son dénouement et dégagement, et son congé de permission pour se rendre à Sedan, malgré l'opposition de l'église de Vitry, qui comme le dit le synode susdit dans l'acte d'émigration, perdait en la personne de Jurieu, un excellent sujet. (*Reg. des modér.*).

C'était un usage de discipline ecclésiastique dans la religion prétendue réformée, qu'un ministre qui quittait son église pour passer dans une autre, n'était censé véritablement dégagé de son ancienne église qu'après deux mois d'engagements légitimes avec la nouvelle. Cet engagement nouveau n'était légitime qu'autant qu'il était approuvé du synode d'où l'on sortait, par un acte en bonne forme. (*Reg. des modér.*).

Rupture du concordat entre les modérateurs et le Consistoire pour les élections. — Le ministre Joly, professeur de théologie à Sedan, va être ministre à Metz. Le Consistoire qui avait laissé le conseil des modérateurs libre de pourvoir le sieur Jurieu des chaires théologique et hébraïque, pourvoit seul aussi au remplacement des ministres nécessaires pour les fonctions de l'église. Henri Sacrelaire, ministre de Meer, remplace Joly à Sedan. Ces deux corps étaient tellement désunis au sujet des élections des ministres ou professeurs, que l'un rejetait exactement tous les sujets que l'autre proposait soit pour le ministère, soit pour les fonctions de l'Académie.

Réglement pour la conduite et habillement des aspirants au ministère. — Le conseil des modérateurs prescrit, par règlement du 22 juillet, à tous écoliers de l'Académie qui se destinent aux fonctions du ministère, de toujours porter l'habit noir avec un rabat et un manteau, lorsqu'ils iront au temple, aux prêches, aux propositions et actes publics de l'Académie, conformément aux anciens règlements, parce que destinés à enseigner un jour aux autres la modestie, a vertu, la sainteté enfin, ils doivent éviter de bonne heure le

luxe des vêtements et travailler à la correction de leurs mœurs.
Il leur est fait expresses défenses de fréquenter les cabarets, les
jeux de paulme, de se promener avec les filles, et de rendre de
fréquentes visites. (*Reg. des modér.*).

Jacob Burkard, natif de Bâle, docteur en droit en l'Université
de cette ville, offre d'enseigner gratis le droit en l'Académie de
Sedan. La chaire de droit vaquait actuellement en ladite Académie
endettée et sans revenus suffisants pour l'entretien d'un professeur
de cette science. (*Reg. des modér.*).

Jurieu soutient ses thèses et est reçu docteur professeur en l'Académie. — Le
ministre Jurieu arrive à Sedan le 3 décembre ; trois jours après son
arrivée, s'étant présenté au conseil des modérateurs, on lui dit de
se préparer à composer et soutenir les thèses philologiques *de
Caballa*, c'est-à-dire sur la tradition, les lettres, les langues, la
critique, etc., avant de pouvoir être admis à professer la théologie
et l'hébreu. Sa préparation pour composer et soutenir lesdites
thèses dure jusqu'au 12 mars de l'année suivante.

1674. — Après deux grandes séances d'exercice de thèses, il
soutient un examen de trois heures sur l'hébreu. Le 21 mai suivant,
il soutient pendant la journée toute entière, sa thèse de théologie
sur le pouvoir des clefs, matière que lui avait désignée Leblanc de
Beaulieu, ministre et membre du conseil des modérateurs. Jurieu
ayant ensuite expliqué deux passages de l'ancien et du nouveau
testament, est reçu par les ministres, par les modérateurs et autres
suppôts de l'Académie, docteur et professeur de théologie et d'hébreu
en icelle Académie, après le serment accoutumé. (*Reg. des modér.*).
· Croyé et Jurieu remplacent Chadirac et Morenvillé, dans le conseil
des modérateurs du collége et Académie de Sedan, et prêtent le
serment accoutumé.

1675. — **Règlement pour le collége académique.** — Le conseil des
modérateurs, renouvelant les anciens règlements pour le bon ordre
de l'Académie et collége académique, ordonne par un règlement
du 9 février, à chacun des modérateurs et professeurs de l'Académie,
de visiter tous les mois à tour de rôle, les classes du collége

académique, pour y juger des progrès des écoliers, d'assister aux séances qui s'y tiennent tous les lundis matin, de faire observer exactement aux régents les lois du collége, comme de faire, chacun en leur classe, le catéchisme tous les samedis, depuis une heure jusqu'à deux, de faire usage de *la férule* pour la correction des écoliers de la 1re, 2e, 3e et 4e classe. On ordonne en outre auxdits régents de reprendre leurs anciennes places dans la galerie du temple, pour avoir l'œil sur les écoliers et les contenir dans le devoir, de les faire descendre ensuite pour le catéchisme dans le parterre, sur les bancs, proche et devant le banc des conseillers.

Mort du ministre Leblanc. — Louis Leblanc de Beaulieu qui avait tenu avec honneur les premières places dans l'Académie et Consistoire de l'église de Sedan, meurt le 26 février, âgé d'environ soixante-sept ans et demi, ayant servi plus de trente ans l'église susdite. Il a donné un grand nombre de thèses sous la dénomination de *Thèses sedanoises*. (Voyez sur ce ministre, *Dict. de Bayle*, au mot Beaulieu.)

Aussitôt après l'enterrement du ministre Leblanc de Beaulieu qui se fait à quatre heures le dernier jour de février, le Consistoire fait sommer le conseil des modérateurs de se rendre sans délai au collége académique et dans la chambre du Consistoire pour l'élection d'un quatrième ministre, et d'un nouveau professeur de théologie. Le conseil demande un délai. Le Consistoire lui accorde jusqu'au 6 mars. L'assemblée du 6 mars est très-tumultueuse. Le conseil des modérateurs voyant l'inflexibilité du Consistoire pour voter seul dans l'élection des ministres, se retire, et le tribunal consistorial choisit d'une voix unanime le sieur Jurieu pour quatrième ministre, lequel est solennellement installé le 3 avril. On doit se ressouvenir qu'il y avait des ministres qui étaient membres du conseil des modérateurs comme du Consistoire, et qu'ils se réunissaient avec celui-ci contre les résolutions de celui-là.

C'est après l'élection de Jurieu qu'Henri Sacrelaire est élu ministre en place de Joly, professeur de théologie. Le conseil des modérateurs ayant résolu pour le bien de l'église de se conformer en tout aux désirs du Consistoire, est admis à voter pour l'élection de Sacrelaire, ci-devant ministre de Meer.

Le sieur Billot (Pierre), licencié et docteur en droit es-universités de Reims et d'Orléans, et avocat à Sedan, s'offre à remplacer aussi gratis le professeur Burkard, dans la chaire de droit. Ce dernier était demandé par le prince de Nassau pour remplacer Boëtius dans la chaire de droit à Herbonne. (*Reg. des modér.*).

Les finances de l'Académie sont tellement épuisées que les gages de la plupart des ministres ne peuvent être payés. Billot, Trouillard, Pericard, ministres à Givonne, Raucourt et Francheval, réclament en vain leurs salaires et appointements.

La chaire de philosophie au concours. — Bayle au nombre des prétendants. — L'Académie se propose de remplacer le sieur Pithoys, professeur de philosophie, âgé de plus de 87 ans. Le sieur de Basnage qui faisait son cours de théologie à Sedan, écrit à Bayle, pour l'engager à venir au concours de cette chaire déjà sollicitée et demandée par les sieurs Barthélemy, docteur en médecine, Alexandre, fils de Brazi, premier professeur de philosophie et ennemi déclaré de Jurieu, et par Antoine Bolle enfin, régent de la cinquième classe.

Bayle désire sincèrement cette chaire. Jurieu promet à Basnage de protéger ce concurrent de tout son pouvoir. Une seule chose arrête Bayle, et l'empêche de se résoudre à venir de suite à Sedan. Étant né protestant et fils de ministre, il avait abjuré solennellement le 19 mars de l'an 1669, et fait profession de la religion catholique, apostolique et *romaine*. Mais le 21 du mois d'août de l'année suivante, étant à Mazère, il avait quitté la religion *romaine* pour embrasser de nouveau la prétendue réforme, et était parti le même jour pour se rendre à Genève. Or il craignait d'être reconnu, déclaré et puni comme relaps s'il venait à Sedan. Mais comme personne ne savait à Sedan que Bayle fût dans ce cas, Basnage lui promet sur ce point un secret inviolable, et pour éviter tout danger à cet égard, ils conviennent de changer l'orthographe du nom de Bayle dans leurs lettres, d'écrire Bèle, au lieu de Bayle. (*Vie de Bayle*). C'est ainsi que se trouve en effet écrit le nom de Bayle dans les registres de l'Académie. Toutes ces précautions étant prises et réalisées par plusieurs lettres de Bayle et de Basnage, le premier se met en route pour se rendre à Sedan où il arrive le dernier jour du mois d'août 1675.

Les aspirants à la chaire de philosophie se présentent pour le concours. — Les quatre susdits aspirants se présentent au conseil des modérateurs pour le concours. Les modérateurs instruits de toutes les brigues qui se tramaient, tant du côté de Brazi que de celui de Jurieu son antagoniste déclaré, invitent tous les ministres, tant de la ville que des terres souveraines, à venir donner leurs avis sur les moyens de faire choix d'un sujet capable de remplir dignement la chaire de philosophie vacante par les infirmités et le grand âge du professeur Pithoys, en les priant de n'avoir égard qu'à la science et au vrai mérite. Mais ces sages précautions des modérateurs deviennent pour eux un sujet d'amers désagréments et de nouvelles brouilleries. Les ministres et professeurs invités par les modérateurs, prétendent avoir voix délibérative de droit au concours, ce qui était directement contraire aux droits du conseil des modérateurs, conformément aux titres de leur établissement des années 1602, 1608 et 1627. Les ministres et professeurs répondaient à ces titres primitifs par les concordats faits entr'eux et ledit conseil depuis ce temps, ils ajoutaient qu'étant tous réunis pour former un seul corps d'assemblée sous le nom de *Conseil académique*, ils devaient dans le cas présent surtout, être nécessairement censés par état, considérés comme les seuls juges de la capacité des aspirants. (*Reg. des modér.*).

Du Rondel, régent du collège, concilie les parties.— Du Rondel ouvre un avis qui concilie tous les esprits. Ce professeur ou régent, ayant déclaré que la voix délibérative réclamée par les ministres et professeurs, n'étant que pour juger de la capacité des aspirants, les juges en cette matière ne prétendaient point, *après l'avis donné des plus ou moins capables*, ôter au conseil des modérateurs, ni le droit d'être juges de l'établissement et installation des professeurs, ni la liberté de se déterminer pour celui des aspirants que ledit conseil jugerait à propos de recevoir pour remplir la chaire susdite, le conseil des modérateurs, satisfait de cette explication, admet au concours les quatre sujets proposés. (*Reg. des modér.*).

Thèses des quatre concurrents à la chaire de philosophie. — Bayle l'emporte. — Les modérateurs ayant donné auxdits aspirants, *de tempore*, pour matière de leurs thèses de concours, ils conviennent entr'eux quatre de composer leurs thèses, chacun en particulier, entre deux soleils, c'est-à-dire, depuis le lever du soleil jusqu'à son coucher, et cela sans livres et sans préparation. Ils s'enferment en conséquence tous les quatre dans une même chambre, le vingt-huitième jour de septembre, et soutiennent ensuite les uns après les autres sur l'objet proposé. Bayle soutient à son tour dans deux grandes séances publiques, en l'après-midi des vingt-troisième et vingt-quatrième jour du mois d'octobre, et ayant répondu à toutes les objections qu'on lui fait, avec une force et précision singulière, malgré la brigue et la concurrence, le sénat académique est obligé de lui adjuger la palme et la victoire par voix de suffrage même unanime, et il est solennellement reçu professeur en philosophie le quatre novembre. Il avait alors vingt-sept ans, onze mois, seize jours, étant né le dix-huit novembre 1647 au Carlat, bourg du comté de Foix, entre Vieux et Pamiers (*Vie de Bayle*). Cependant pour se soustraire, comme il a été dit ci-dessus aux recherches et punition des relaps, outre la corruption et le changement de l'orthographe de son nom, il se dit, dans l'acte de sa réception en qualité de professeur, natif de *Nazère*, près de Montauban, âgé d'environ vingt-huit ans. (*Reg. des modér.*).

Tenue des classes de philosophie. — Il est à propos d'exposer les devoirs des professeurs de philosophie en l'Académie de Sedan. Il y avait par chaque semaine, cinq jours de classe ou leçons publiques de philosophie. Il y avait deux classes chaque jour de deux heures chacune, à l'exception du cinquième jour, qui était jour de thèse. Il n'y avait ce jour-là qu'une séance ou classe qui était de deux heures. (*Reg. des modér.*)

1670. — Le conseil des modérateurs députe le sieur Croyé au synode des églises de la province de l'Ile-de-France, et vers le Consistoire de l'église de Roucy, ainsi que vers le comte de ce nom, pour demander le dégagement de Pierre Trouillart, ministre de l'église de Roucy, appelé à Sedan en qualité de professeur de théologie, au lieu et place du ministre Joly. Pierre Trouillard ayant obtenu le consentement de son église et du synode, arrive à Sedan le 10 avril. (*Reg. des modér.*).

Le conseil des modérateurs, par un règlement du 13 octobre, fait défense à tous écoliers, philosophes et autres, de porter l'épée dans la ville, sous peine d'être chassés de classe, d'être interdits de l'assistance aux leçons publiques de philosophie, et de ne pouvoir être admis en la matricule des philosophes.

Les modérateurs renouvellent leurs poursuites contre les créanciers de la comtesse de La Marck pour être payés des legs testamentaires faits au collége de Sedan par Françoise de Bourbon et son fils Guillaume-Robert. (*Reg. des modér.*).

1677. — Les modérateurs du collége académique suppriment dans les classes l'usage du Despautère, et autorisent Pierre Trouillart, nouveau professeur de théologie, à donner une nouvelle méthode d'enseigner les basses classes ; il traduit en français les règles latines des éléments de cette langue. (*Reg. des modér.*).

Synode de l'Ile-de-France. — Le synode de l'Ile-de-France, Picardie, Champagne, et pays Chartrain assemblé à Clermont, adresse une lettre en date du 1er septembre 1677, au conseil des modérateurs de l'Académie de Sedan, contenant un décret d'enseignement et de doctrine. Le conseil des modérateurs pour se conformer en tout aux intentions du synode, enjoint aux pasteurs et autres particuliers, aux proposans et professeurs d'éviter toutes opinions nouvelles contraires à la parole de Dieu, aux confessions de foi et aux doctrines communément reçues dans les églises de la religion réformée ; d'éviter particulièrement les opinions qui nient le concours immédiat de la Providence, et l'opération immédiate du St-Esprit distinct de l'efficace de la parole pour la conversion des hommes. Les modérateurs enjoignent aux Consistoires de procéder par les censures ecclésiastiques contre tous ceux qui contreviendront au présent décret et résolutions du synode, et qui enseigneront ces opinions contraires et nouvelles, soit en public, soit en particulier, de vive voix ou par écrit ; et pour empêcher plus efficacement les susdites opinions nouvelles de se glisser dans l'Académie de Sedan, le conseil académique des modérateurs, en se conformant toujours aux intentions du synode de Clermont, a arrêté qu'à l'avenir il ne serait reçu à la proposition, ni inscrit en la matricule de l'Académie de Sedan , aucun étudiant en théologie de quelqu'autres écoles ou Académies étrangères, sans témoignage authentique de son orthodoxie, et sans un examen sévère et relatif auxdites opinions nouvelles. (*Reg. des modér.*)

Etienne Brazi , docteur en médecine, et Bayle, sont reçus conseillers du conseil académique par la mort du président d'Ozannes et de Trouillart. — Bayle se charge de faire les fonctions de secrétaire dudit conseil.

1678. — Le sieur Du Rondel, régent de la 1re classe du collége académique, ayant insulté le ministre Jurieu, faisant en qualité de recteur de l'Académie, la visite des classes le 15 janvier, et le conseil des modérateurs l'ayant vivement réprimandé de son manquement à son supérieur, enjoint par un arrêté du 22 dudit mois à tous les régents et écoliers du collége académique, d'obéir à tous et chacun des conseillers portant et chargés du conseil ; il ordonne que dans les assemblées des professeurs et régents, pour la correction des thèmes et distribution des prix et autres choses semblables, les régents ne parlent qu'à leur tour et avec le respect dû à leurs supérieurs ; le conseil autorisant le recteur à imposer silence auxdits régents, lorsque bon lui semblera. (*Reg. des modér.*).

1679. — Le nombre des protestants à Sedan, est encore de plus de cinq mille personnes, sans parler de celles qui sont en divers villages des Souverainetés et qui fréquentent pour l'exercice de leur religion les temples d'Illy, Givonne, Francheval et Raucourt (*Lettres patentes du mois d'avril, accordées par Louis xiv aux Filles séculières de la Propagation de la Foi*).

1680. — Le célèbre Jacques Abadie, natif du Béarn, est reçu le 10 mars, docteur en théologie de l'Académie de Sedan. (*Reg. des modér.*).

Louis XIV fait expédier des lettres patentes, en date du 15 mai, pour rétablir à Sedan l'Académie des exercices, soit pour monter à cheval, soit pour le maniement des armes blanches et à feu, sous la conduite d'Antoine Dugast, nommé directeur de cette Académie tombée depuis quelque temps par la caducité et vieillesse de celui qui en avait la direction. Les appointements de ce nouveau directeur de l'Académie royale desdits exercices, étaient de 1500 livres, pension assignée sur les 4500 livres fixées sur le domaine, pour les gages de l'Académie des lettres. Le sieur Dugast qui jouissait aussi de tous les honneurs et priviléges attachés à cette Académie des exercices, a donné par sa vigilance et son expérience une telle réputation à ladite Académie, tant en France que dans les pays étrangers, que Sa Majesté en a fait un éloge distingué dans le brevet de direction accordé au sieur Baron, son successeur (*Reg. du Bailliage*). Les leçons publiques de l'Académie des exercices se donnaient au manège couvert du bastion de Turenne, que Sa Majesté avait abandonné pour cet effet avec la maison et les écuries en dépendant.

Louis XIV vient avec toute sa cour à Sedan; il en repart le 21 août pour Versailles.

1681. — Suppression de l'Académie de Sedan. — Arrêt du conseil d'Etat rendu le 9 juillet, par lequel Sa Majesté supprime l'Académie ou collége académique établi à Sedan. Cet arrêt ayant été signifié le 14 du même mois, Bayle et Jurieu quittent la ville environ deux mois après, c'est-à-dire le 11 septembre. Ils se retirent tous deux à Rotterdam où l'on érige une école en leur faveur. Jurieu y fait les fonctions de professeur de théologie, et Bayle celles de professeur de philosophie et d'histoire, avec 500 florins de gages annuels. (*Recueil d'arrêts.*) (*Vie de Bayle*).

Revenus de l'Académie destinés pour l'établissement et l'entretien d'un séminaire. — Déclaration du Roi, du 7 septembre, portant que des 4500 livres employées dans l'état des charges sous le nom de professeurs de l'Académie de la prétendue réforme, établie à Sedan, il en sera distrait 1500 livres pour la pension et gages annuels du directeur de l'Académie des exercices, et que les 3000 livres restant, seront payées au curé de la paroisse St-Laurent de Sedan, pour les subsistances et entretien de vingt jeunes élèves destinés à l'état ecclésiastique, lesquels formeront à Sedan un séminaire gratis de philosophie, sous la direction du curé de Sedan, et supérieur de la mission d'icelle ville. Ces vingt séminaristes seront au choix de l'archevêque de Reims, et leur professeur qui aura pension de deux séminaristes, sera aux choix des prêtres de la mission dudit Sedan. (*Reg. du Bailliage*).

1684. — L'auteur des lettres sur l'état présent de l'Europe, avance dans sa dixième lettre, qu'il y avait en cette année plus de quatre-vingts officiers, enfants de Sedan, au service de France, et la plupart protestants. Dans ce nombre on comptait des généraux aides-de-camps, colonels, capitaines, lieutenants, enseignes, tous formés à l'Académie des exercices de cette ville.

1685. — **Suppression de l'Académie des exercices.** — Lettres patentes du 13 mars, vérifiées le 27 du même mois, portant suppression de l'Académie des exercices établie en la ville de Sedan. Cette école négligée par le sieur Legrand qui en était alors directeur, était sans académiciens écoliers depuis six mois. Sa Majesté réunit les 1500 livres d'appointements dont jouissait le directeur avec les 3000, ci-devant accordées au séminaire, sur le domaine de Sedan. (*Reg. du Bailliage*).

Par édit du mois d'octobre, le Roi révoque et supprime l'édit de Nantes.

Le 5 novembre, les Jésuites sont mis en possession du collége académique ou maison des douze Apôtres au Mesnil de Sedan, à charge de payer et acquitter toutes les obligations et engagements de ladite maison à eux cédée par la suppression de l'Académie. (*Reg. du baillage*).

Arrest du Conseil d'Estat pour l'extinction et suppresssion du collége ou Académie de ceux de la religion prétendue réformée établis à Sedan, du 9 juillet 1681.

Le Roi étant en son conseil bien informé, que depuis l'échange des principautés de Sedan, Raucourt et St-Menges, Sa Majesté ayant souffert que les habitants de ladite ville de Sedan de la religion prétendue réformée aient continué de tenir leur collége et Académie en ladite ville pour l'instruction de leurs enfants, et pour dresser les ministres à l'effet de l'exercice de ladite religion dans l'étendue desdites principautés seulement, ledit collége a néanmoins servi pour y enseigner non-seulement les religionaires des autres provinces du Royaume, mais encore pour en tirer des ministres, qui se sont établis dans la Champagne, et autres provinces voisines, et d'autant que lesdits de la religion prétendue réformée ont fait un usage dudit collége contre l'intention de Sa Majesté, et que d'ailleurs le nombre desdits de la religion prétendue réformée est fort diminué, tant audit Sedan, que dans l'étendue desdites principautés, à quoi voulant pourvoir, vu par Sa Majesté, les traités d'échange des années 1617, 1648, 1640 et 1631, ensemble les lettres patentes de Sa Majesté du mois d'octobre 1603, pour la fondation et établissement d'un collége de Jésuites audit Sedan ; tout considéré, Sa Majesté étant en son conseil, a ordonné et ordonne, que le collége ou Académie desdits de la religion prétendue réformée de Sedan demeurera éteint et supprimé pour toujours, et en conséquence fait défenses à tous ses sujets de la religion prétendue réformée d'y enseigner ni de tenir aucune école publique dans ladite ville de Sedan, à peine de désobéissance. Ordonne Sa Majesté, que les Jésuites du collége établi en ladite ville, pourront unir à leur dit collége les bâtiments de celui desdits de la religion prétendue réformée, supprimé par le présent arrêt, en payant par eux auxdits de la religion prétendue réformée la somme de 20000 livres, et à faute par lesdits Jésuites de vouloir prendre lesdits bâtiments, et payer ladite somme, permet Sa Majesté auxdits de la religion prétendue réformée de disposer d'iceux à leur profit par vente ou autrement, ainsi qu'ils verront bon estre ; et sera le présent arrêt exécuté nonobstant oppositions ou appellations quelconques, pour lesquelles ne sera différé. Mande et ordonne Sa Majesté au sieur comte de La Bourlie, gouverneur de Sedan, et au sieur Bazin, maître des requêtes, Intendant en la Généralité de Metz, de tenir la main chacun à son égard, à l'exécution du présent arrêt. Fait au conseil d'État du Roi, Sa Majesté y étant, tenu à Versailles, le neuvième jour de juillet 1681. Signé : Colbert, et scellé du grand sceau de cire jaune.

Louis, par la grâce de Dieu, Roi de France et de Navarre, au premier notre huissier ou sergent sur ce requis, nous te mandons et commandons par ces présentes signées de notre main, que l'arrêt cejourd'hui donné en notre conseil d'État, nous y étant, cy attaché sous le contrescel de notre Chancellerie, par lequel nous avons éteint et supprimé le collége ou Académie de ceux de la religion prétendue réformée de Sedan; tu signifies à tous qu'il appartiendra, afin qu'ils n'en prétendent cause d'ignorance, et fasses pour l'entière exécution d'icelui tous exploits et actes nécessaires, de ce faire te donnons pouvoir, sans pour ce demander autre congé ni permission. Enjoignons aux sieurs comte de La Bourlie gouverneur dudit Sedan, et Bazin conseiller en nos conseils, maître des requêtes ordinaires de notre Hôtel, et Intendant en la Généralité de Metz, de tenir la main chacun en droit soi, à ladite exécution, suivant et ainsi qu'il leur est prescrit par ledit arrêt, *car tel est notre bon plaisir.* Donné à Versailles le neuvième jour de juillet, l'an de grâce 1681, et de notre règne le trente-neuvième : signé par le Roi Colbert.

1576. — Erection du collége des douze apôtres au Mesnil de Sedan. — Biens affectés. — Conseil des Modérateurs.

1580. — Biens ecclésiastiques remis aux mains des protestants. — Collége. — Régents. — Conseil des Modérateurs maître des biens des églises.

1582. — Dons faits au collége des apôtres de Sedan.

1584. — Dons au collége de Sedan.

1585. — Don au collége. — Etat du collége.

1588. — Legs faits par le prince de Sedan.

1591. — Chaire de philosophie.

1595. — Pension des régents ; — des maîtres d'école.

1596. — Imprimerie à Sedan ; — Jacob Salesse.

1598. — Demande d'une érection d'Académie. — Erection d'une Académie accordée.

1599. — Conseil des Modérateurs libre de disposer des biens des Eglises.

1600. — Renseignement. — Don au collége.

1602. — Erection du collége académique. — Membres du conseil académique.

Administration de l'Académie confiée au conseil des Modérateurs.

1603. — Règlement des classes et pour le principal.

Moïse et Aaron Blondel, régents et professeurs de l'Académie.

Obligation de faire le catéchisme aux écoliers. — Règlement pour les maîtres d'école.

1604. — 5 août — Loi pour la jeunesse étrangère envoyée à Sedan pour étudier.

Don fait au collége de Sedan.

Le conseil des Modérateurs fait mettre en état l'imprimerie.

1605. — Professeur d'arithmétique et de géométrie.

1607. — Gages et pensions des sujets proposans de l'Académie de Sedan.

Droit de l'Académie pour le ministère, accordé par le synode de la Rochelle.

Séances régulières de l'Académie. — Elle forme une bibliothèque publique.

1608. — Professeur en grec à Sedan; — Néran.

1610. — Règlement pour les grades de l'Académie. — Bachelier, — Maître ès-arts, — Licencié, — Docteur en droit.

Manière de prendre les grades. — Chancelier et bedeau de l'Académie.

Gages du professeur de théologie. — Imprimerie de l'Académie. — Dons aux pauvres écoliers.

1611. — Naissance de Turenne. — Son maître — Tilenus.

1612. — Don de la Reine à l'Académie de Sedan. — Mariage cassé par le conseil des Modérateurs. — Agrandissement du collége académique.

Jannon imprimeur à Sedan.

1613. — Académie des exercices. — Règlements pour les différents survenus entre les académiciens des lettres et des exercices, soit entr'eux, soit avec les bourgeois.

Professeurs de mathématiques et d'hébreu.

Règlement pour les instructions, les prêches et écoles de la jeunesse.

1614. — Visite à Sedan du président de Thou.

Dettes des Lamarck envers le collége.

Monnocès. — Manlich. — Paul Richier. — Daniel Goffin.

1617. — 15 juillet. — Règlement pour les écoliers de l'Académie aspirant à être ministres, quatre communions par an leur sont prescrites.

Etablissement de la bibliothèque publique. — Dégradations plus tard, 1671.

1618. — Jean Jannon invente de nouveaux caractères d'imprimerie.

1619. — Colvin, professeur de physique et de langue hébraïque.

Registre des morts; — Antoine Léon, maître de musique au collége, chargé de leur tenue.

1620. — Pierre Du Moulin, ministre.

Inspecteurs de l'Académie.

1621. — Jean Jannon fait des poinçons pour former les caractères de l'hébreu, du chaldaïque, du syriaque, de l'arabe, du grec, etc., etc.

1624. — Défense d'imprimer sans permission — Jannon condamné à 3 livres pour avoir imprimé sans permission des Modérateurs.

Desmarest, ministre et professeur. — Professeurs de l'Académie. — Jacob Roussel, professeur de grec, chargé de la bibliothèque. — Bisterfeld, professeur de philosophie; — Colvin, d'hébreu.

1625. — Jugement du synode de l'Ile-de-France contre Desmarest, ministre à Sedan, annulé par le conseil des Modérateurs.

1626. — 22 décembre. — Du Moulin nommé recteur de l'Académie.

1627. — 3 septembre. — Loi de police du collége de Sedan. Règlement pour les leçons des langues.

1629. — Ministre allemand.

Lambermont, garde de la bibliothèque en donne un nouveau catalogue.

1631. — Trouillart, greffier du conseil des Modérateurs.

Dauber, professeur en droit, Deschamps, en philosophie.

Desmarest à l'armée, — en Hollande, — avec le prince, — ramené en décembre.

1633. — Chéron au synode de Paris. — Pithoys, professeur de philosophie.

1634. — Maître d'école de Wadelincourt déposé pour avoir laissé prêcher un jésuite.

1er Avril — Règlement de discipline pour le collége de Sedan.

Colvin et Pithoys, professeurs de philosophie.

1638. — Edit de Frédéric Maurice au sujet de sa conversion. — Libertés et priviléges de l'Académie maintenus.

Impression des ouvrages de Cappel du Tilloy.

1639. — Plaintes de Du Moulin contre le père Joseph. — Sermons de Du Moulin.

Impression de l'*Anatomie de la messe*.

Pithoys, bibliothécaire. — Dauber reçu recteur de l'Académie.

Le père Basile apostasie. — Son ouvrage imprimé par Jannon.

Conversion de Limbourg. — Gédéon Poncelet, *imprimeur à Torcy*.

1640. — Modérateurs admis comme juges aux jugements civils ù sont intéressés, professeurs, régents, écoliers.

Pierre Jannon, imprimeur de l'Académie.

1611. — Serment du conseil souverain des ministres, des professeurs, des régents au Roi.

Priviléges maintenus. — Académie.

1645 — Revenus de l'Académie.

1651 — Recteurs de l'Académie. — Hydrogéomantie sedanoise imprimée par Jannon P.

1653. — Les écoliers du collége obligés de payer les mois des classes.

1656. — Le Blanc, conseiller modérateur.

1658. — Serment des professeurs de théologie en l'Académie de Sedan.

Josué Levasseur, conseiller modérateur. — Mort de Du Moulin.

Le *Baume pour les malades*, ouvrage de Martin, soldat sedanois.

1659. — Réduction de la rente de 12000 livres de l'Académie.

1660. — Restitution de la dite rente.

St Maurice, ministre à Sedan.

1663. — Plaintes des catholiques pour exclure les académiciens de l'Hôtel-de-Ville, etc.

Etablissement des jésuites à Sedan. — Leur collége. — Adam, premier recteur.

Défense de donner des leçons et de tenir Consistoire en l'Hôtel-de-Ville.

Catalogue de la bibliothèque remis au président Morel par ordre du Roi.

1664. — Pierre Jannon cesse d'être imprimeur. — François Chayer le remplace.

Défense de tenir classe aux jours de fêtes gardés par l'Eglise.

Décadence du collége académique. — Causes. — Réparations faites au collége académique.

1665. — Académie des exercices toujours célèbre.

1666. — Bibliothèque de Sedan, rétablie à l'Hôtel-de-Ville.

1667. — Obligation de faire le catéchisme aux écoliers les samedis.

Congés des classes du collége académique.

Répétitions de l'Académie à la maison de La Marck.

1668. — Election des ministres et professeurs de Sedan.

1669. — Mort à Paris du ministre Drelincourt.

1670. — Renseignement, — Régents accompagneront écoliers au temple.

1671. — Règlement pour l'imprimerie des livres protestants à Sedan.

Suppression d'un mémoire de Pithoys, professeur de l'Académie.

La bibliothèque de Sedan, rendue à la maison de Bouillon.

Dispute pour la chaire d'hébreu en l'Académie. Levasseur et Colvil.

1672. — Mort du ministre Levasseur.

1673. — Sujets proposés par les Modérateurs pour remplacer Levasseur comme ministre et professeur.

Opposition du Consistoire.

Caractère de Jurieu.

Assemblée des Modérateurs et du Consistoire pour se concilier.

Le Consistoire consent à l'élection de Jurieu comme ministre surnuméraire.

Jurieu veut être 4e ministre. — Il est appelé pour professer la théologie et l'hébreu.

Rupture du concordat entre les Modérateurs et le Consistoire pour les élections.

Règlement pour les aspirants au ministère.

Jurieu soutient ses thèses.

1674. — Croyé et Jurieu, Modérateurs.

1675. — Règlement pour le collége académique.

Mort de Beaulieu. — Jurieu choisi pour 4e ministre.

Henri Sacrelaire. — Pierre Billot, professeur en droit.

La chaire de philosophie au concours. — Bayle. — Brouilles à ce sujet entre les Modérateurs, les ministres et les professeurs. — Durondel concilie les parties.

Thèses des concurrents. — Bayle l'emporte. — Tenue des classes de philosophie.

1670. — Députe de Sedan au synode de l'Ile-de-France.

De St-Maurice exilé à Soissons.

Port d'armes défendu aux écoliers.

1677. — Lettre du synode de l'Ile-de-France envoyé à Sedan.

Brazi et Bayle, conseillers modérateurs.

1678. — Réprimande à Durondel, régent de la 1re classe.

1680. — Abadie, docteur en l'Académie de Sedan.

Académie des exercices rétablie à Sedan. — 1500 liv. retranchées pour elle à l'Académie des lettres.

Manège du bastion de Turenne sert pour cette Académie.

1681. — Suppression de l'Académie de Sedan — Bayle et Jurieu vont à Rotterdam.

Revenus de l'Académie destinés à l'entretien d'un séminaire.

Felizon de Sedan, ministre ; ses ouvrages.

1685. — Suppression de l'Académie des exercices.

Octobre. — Suppression de la religion réformée à Sedan.

Révocation de l'édit de Nantes.

Les jésuites occupent le collége académique.

Claude COLIN, plus connu sous le nom de *Père Norbert*, naquit à Vauvilliers en Franche-Comté, en 1719. Il embrassa par goût l'état religieux, entra dans l'ordre des Capucins sous le nom de *P. Norbert*, et parvint par son mérite à la supériorité du couvent de Sedan. Il mourut dans cette même ville en 1791, âgé de soixante-douze ans. On lui doit l'ouvrage suivant dont il existe de nombreuses copies : *Histoire chronologique des villes et principautés de Sedan, Raucourt et Saint-Menges*, in-4°, manuscrit de 730 pages dans l'autographe. L'auteur, dit l'abbé Boulliot dans sa *Biographie ardennaise*, a puisé en général à de bonnes sources : Ses citations sont exactes ; mais quelques anecdotes hasardées déparent son ouvrage, qui s'étend depuis l'an 201 de l'ère chrétienne, jusqu'à l'année 1782 inclusivement.

www.ingramcontent.com/pod-product-compliance
Lightning Source LLC
Chambersburg PA
CBHW061250050726
47594CB00004B/1449